SI FUERA POSIBLE EL AMOR

SI FUERA POSIBLE EL AMOR
LAUREN MENDINUETA

6/10

SI FUERA POSIBLE EL AMOR
Primera edición: abril 2024

© De los poemas: Lauren Mendinueta
© De la fotografía de la autora: Lalo Borja
© Del diseño de cubierta y maquetación: Nautilus Ediciones
© De la selección de poetas y coordinación editorial: Samuel Trigueros
    Nautilus Ediciones
    nautilusedicioneshn@gmail.com

ISBN: 978-84-10241-06-0
Depósito Legal: Z 708-2024

Impreso en España, Unión Europea

LAUREN MENDINUETA
(Barranquilla, Colombia, 1977)

Poeta, ensayista, traductora y profesora universitaria. Está considerada una de las poetas más importantes de su generación en Hispanoamérica. Su poesía aborda con rigor expresivo y profundidad conceptual los temas de la muerte, el amor, la soledad y el tiempo. Es autora de doce libros y está traducida a seis lenguas.

En Colombia ganó tres premios nacionales de poesía, el Premio del Festival de Poesía de Medellín y el Premio Nacional de Ensayo y Crítica de Arte del Ministerio de Cultura. Además, obtuvo en España los premios internacionales Martín García Ramos por *La vocación suspendida* y el Premio César Simón por *Del tiempo, un paso*. Su libro *Una visita al museo de Historia Natural* obtuvo el premio Barranquilla Capital Americana de la Cultura y fue publicado en España, Colombia y Portugal.

Actualmente reside en Lisboa, donde a la par de su escritura traduce poesía y desarrolla una intensa labor de divulgación de la poesía hispanoamericana en Portugal y de la poesía portuguesa en Hispanoamérica.

Para mis tres queridos hijos José, Laura y Gabriel,
por enseñarme con su existencia todas las caras del amor

A Catalina, mi primera nieta, por la gracia de su vida

Para Edouard, amor de mi vida, siempre

Heme aquí suspirando
como el que ama y se acuerda y está lejos.

Rosario Castellanos

La desesperación huele a negro
el amor a rojo.
Sobre mi cuerpo llevo todos sus tonos
llamativas señales.

Lena Pappá

SI FUERA POSIBLE

Quiero una página en blanco para escribirte un poema de amor,
un espacio limpio en el que el pasado no haya puesto su mano.
Para escribirlo necesitaré toda la mala memoria
                                        /de la que dispongo,
y la mirada sesgada que te dediqué la primera vez que te vi.
Será un poema soleado, lleno de pájaros
y con un árbol para que te recargues.
Se parecerá mucho a mis primeros versos,
tendrá la inocencia de las lecturas infantiles
y la insolencia de creerme poeta.
En él te nombraré con todas las palabras dulces que
                                        /no usé antes
y seré capaz de llevarte en brazos.
En mi poema no habrá ayer ni mañana,
caminaremos en el espacio claro y manso del ahora.
Mejor si es en verso libre para que no sientas que
                                        /quiero atraparte,
y mejor aún si entre sus líneas deseas que te atrape.
Hay un poema de amor que quiero escribir
para celebrar tu espléndida compañía,
un poema como mar, como bosque, como acantilado,
un poema isla única en el que jamás nos separamos.

CONTIGO YO CONOCÍ

Contigo yo conocí un teatro que parecía hecho para nosotros.
En él, dijiste, representarían alguna vez la historia
                                          /de nuestro amor.
Era tan grande ese lugar que hasta el final no supe
                                          /por dónde se salía
o cómo era que habíamos entrado.
Una chica morena acomodaba,
recogía los boletos y los agujereaba con un artilugio metálico.
Parecía tan triste esa muchacha,
nunca nos miró a la cara,
nunca vino a sentarse a nuestro lado,
su rostro me recordaba las campanas de San Roque
y también las de San Nicolás.
Así de triste se veía esa chica, ella que se llamaba Esperanza.
Era hermoso ese teatro que tú me enseñaste,
con todas aquellas sillas vacías
y el escenario sólo para los dos. De allí yo no quería salir jamás.
Pero como todo lo bueno llega alguna vez a su fin,
un día tuvimos que irnos para cumplir el destino.
La acomodadora parecía contenta por nuestra partida.
Movía los labios como intentando sonreír, o quizás
                                          /musitando alguna frase.
Imposible saber qué significaban sus muecas,
a esa chica le gustaban los misterios.
Desde entonces estamos de vuelta en el mundo.
Ya no hay Esperanza, ni sillas vacías, ni gran escenario,
hay mucho tráfico, estaciones de metro que estallan,
un trabajo con horarios, y a pesar de todo aún te amo.

POSTAL

Enviada por Franz Kafka a Felice Bauer,
desde el sanatorio naturista de Jungborn, noviembre 1 de 1912.

El aire tiene aquí
ese olor que tú conoces.
Un olor distinto a mí
fuerte
como bálsamo de bestia.
Este es el lugar
yo estoy aquí
y lo soporto oscuramente.
Las horas se derriten
mirando tu fotografía.
Circula tu imagen
golpeando en la cabeza
con su nota sorda.
Aquí al igual que siempre
reniego de la apariencia.
Hay una verdad en este lugar
intuida
y sostenida por mi cuerpo:
cuando está cerca el amor
la vida huye.

BALADA POP

I

¿Que cuántos poemas de amor soy capaz de escribirte?
Mírate al espejo, amor, tú eres la medida de mis versos.
Un pájaro sobre el árbol visto tan azul se ve, tan sosegado.
Tú no eres un pájaro, amor, pero podrías volar.
¿Te atreverías a preguntar una vez más? Tú eres
                                        /mi medida, amor.

Coro

Si puedes imaginar un mundo sin autobuses es que
                                        /no me quieres.
Hay demasiados aviones en el cielo, pocos barcos de papel.
Yo te ofrezco lo más escaso, amor, barcos de papel.

II

Una vez en Brasil me llevaste hasta un barranco,
querías que reconociera una calle con nombre de escritor.
Qué confundida me dejaste, amor, yo quería volar.
No reconocía nada, yo quería volar sobre el barranco.
¿Te atreverías a preguntar una vez más? Tú eres
                                        /mi medida, amor.

Coro

QUERIDO OSCAR, HE AQUÍ
EL VERDADERO ENAMORADO

Es el verano.
El ruiseñor gimotea en la tarde y su vuelo milagroso
atraviesa la luz como una espina.
Sí, es verano y pronto no habrá canto,
ni tiempo, ni recuerdo, ni gemido.
A lo lejos las acacias bailarán con lentitud la música
                                    /que el río les ofrece,
y la tarde terminará por tragarse la luz. Abajo,
junto a la ventana de mi cocina, el ruiseñor,
el único que conoce mi nombre desde siempre,
ese pájaro centenario e imposible que endulzó las noches
                                    /de mi niñez,
ofrecerá su corazón para que yo pueda ver la rosa.
Ingenuo pájaro que escuchó los delirios de mi fiebre
en balde clavará su corazón en el rosal.
Sí, amo esta hora pasajera
y el rosal ensangrentado, pero florecido.
Sí, amo esta estación del tiempo que no pasa,
y el ruiseñor sacrificado en vano.
Inocente ruiseñor junto a la ventana de mi cocina.
¿Para qué sirve el amor?, le pregunto.
Mañana habrá una rosa, me dice,
en el jarrón vacío de hoy.

EL LUGAR DE LOS CUERPOS

Allí donde hablas con el pensamiento,
la vida te ha de llegar cumplida.
Entonces pienso que también yo he de participar
en ese diálogo en el que nadie puede encararme.
Pero no es cierto,
ni el silencio hablará por mi voz,
porque mi voz es mía y alguna vez he nacido
y ninguna vez he muerto.
Por ese amor que creímos semejante
al golpe de la tarde sobre las flores,
déjame permanecer en algún lugar
y no sólo en el recuerdo.

CONFESIÓN NOCTURNA

En sueños
de repente estoy sola.
Abandonada en una esquina del tiempo
traspasada
inmóvil
me abrazo
tiemblo
desespero
grito.
Corro en busca de la muerte.
Despierta
continúo sin escapatoria
en la misma esquina azul.
Alacena secreta
me señala
me condena
inquisidora
indolente
injusta esquina perversa.
Brasas incendian mis vísceras.
Llamaradas queman flores en mi boca.
Caracolas vacías
guardan el crepitar de las entrañas.
Despiadados amantes del mar
contaminándose en sangre ajena.
Del fuego que me incinera
nace una escalerilla de humo
que va derecho al infierno.

LA LIBERTAD DESPUÉS

La vieja noche en las montañas junto al mar
y nosotros en el andén todavía somos jóvenes.
Con gesto poco entusiasta tú miras las vías del tren,
la palidez de tu rostro me recuerda las páginas de un libro
que alguna vez me acompañó en un viaje
y que ahora descansa en los entresijos de ya no sé
                                        /qué estantería.
Cada uno lleva su pasaje en la mano
y tú volteas a mirarme porque esperas que te confirme
                                        /lo que sabes:
el tren que esperamos llegará.

Inútil cielo, inútiles estrellas de todos los cielos,
bienamada luna que brillas sobre los trenes en lontananza,
aquí estoy yo.

Conozco esas montañas junto al mar
donde anidan la serpiente y el armadillo,
la forma siempre cambiante de mi vida
roída por los grandes problemas.

La infancia ya pasó, la juventud se está marchando,
impasibles los trenes silban en la distancia.
Pronto llegará el que esperamos y seremos libres,
me dices desatando dentro de mí la tristeza.

Tú, la estación desolada, el tren que no termina de llegar,
todo empieza a recordarme un pasado en otra parte.
Esta noche somos una afirmación de vida,
dos cuerpos que mueren orgullosos de estar vivos,
cada uno con un pasaje para después de los días
para antes de los días sin retorno.

Inútil cielo, inútiles estrellas de todos los cielos,
bienamada luna que brillas sobre los trenes en lontananza,
aquí estoy yo.

Escucha cómo se acerca a lo lejos el tren,
cómo nos llega al oído su promesa metálica,
y estremécete conmigo porque en sus vagones podemos ir
                                        /donde elegimos ir.

Déjame mirarte por última vez en esta noche olvidada
                                /del mundo
en la que dejo padre, madre, casa y jardín.
He decidido abandonarlo todo sin mirar atrás
                                /y sin lágrimas.
No sé por qué siento que sólo yo saltaré en el momento justo.

Sigues aquí junto a mí y todavía somos jóvenes,
cada uno con su pasado alto e inaccesible como torre
                                /de reloj de aldea.
¿Saltarás de esa torre a tiempo o dejarás la libertad
                                /para después?

OLVIDO DE MÍ

Octubre ha llegado dominado por las lluvias,
y los demás meses lo han seguido hasta aquí.
De repente este amontonado tiempo lo ha llenado todo,
el verde de la casa, las sillas, la manta que cubre el piso
cuando en el verano me recuesto a leer.
En mí no es posible el abandono del tiempo;
la gracia que supone el olvido
me hubiese salvado de esta invasión.
Ahora debo caminar con cuidado
para no maltratarme con tantos recuerdos.
¿Me engañaré o será verdad lo que voy a decir?
Renuncio a esta visita, no le temo a la soledad.

CARTA NO ENVIADA DE ELOÍSA PARA ABELARDO

¿Dónde buscará tu mano
ahora que la mía es inútil?
Eres infinito por inalcanzable.
Arrebatada de ti
fui desterrada de la sombra del paraíso
al que no aspiro.
Y sin embargo
nada más real que el sufrimiento
de estas paredes
exaltadas para humillarte.
Borra resueltamente
el día sangriento
y la claridad de mi sobrevivido dolor.
Aguarde para ti el fulgurante paraíso.
Para mí baste
Como hasta ahora
tu visita en sueños.

NO HABRÁ SIDO POR MIEDO A LA TEMPESTAD

Imagina una montaña
por el día.
Una elevación enorme de tierra cubierta de hierba verde.
¿Puedes verla?
La hierba ondula, resplandece, silba.
Liebres y conejos asoman las orejas aquí y allá
y si miras con detenimiento algunas flores tiemblan.
¿Qué ves si te pido que imagines una montaña a plena luz?

Ahora imagina la misma montaña
por la noche.
La tierra se eleva escabrosa y en la cima hay rocas,
grandes rocas que amenazan con caer,
o que al menos simulan que podrían caer.
El cielo está oscuro, sin luna,
relámpagos y truenos iluminan aquí y allá.
¿Qué ves si te pido que imagines una montaña
                           /en el principio de la tormenta?

Soy yo la que desde la cima de esa montaña te mira.
Es domingo, la montaña a plena luz, en fiesta.
Estás a unos pocos metros de mí,
si quisieras podrías mirarme a los ojos.
Pero si estando en la cima nos alcanza la borrasca,
desde esta cumbre atormentada por la lluvia yo no te miraré.
Si tú no me miras no será por miedo a la tempestad:
con ese aire entre patético y aterrado
me pareceré demasiado a la mujer que no quiero ser.

BORRADOR DE ESTE POEMA
De Robert Browning a Elizabeth Barrett

Porque naces de mí
eres mi poema.
Mi cuerpo
con la fuerza del viento
se enreda en la tierra
como el polvo de tus huesos.
Puedo mirarte en la violeta
tú no lo sabes
lo sientes
sin saber que eres tú.
Flor silvestre de Inglaterra
tus raíces sobre mí.
Puedo tocarte
porque se me antoja tu existencia
ofrenda para el amor.
Ancho Hondo Oscuro
tu deseo de pájaro
no es vuelo.
Todos los poetas florecen en muerte.
Estás hecha de mí
y mi voz es casi un remordimiento
en las verdes campiñas.
Serenamente estremecida
despojada de tiempo
y huérfana de letras
tu poesía
reconstruye el cielo.

EL AMOR O ALGUNA OTRA FE

Camino con el necio anhelo de encontrarte,
miro hacia la banca señalada en la fecha imprecisa,
hacia cualquier andén, árbol o nube
que pudiera decirme algo de ti,
de tu cuerpo ya ido.
Las calles de esta ciudad me parecen ajenas
ahora que tú no puedes acompañarlas.
La agonía, la muerte, la esencia del vino,
tú que no estás, que no estarás, mi confín.
La espera va al recuerdo
donde en vano he permanecido nostálgica
por el hoy que ya es.

POEMA DE AMOR PARA JORGE LUIS BORGES

Me pesan
El bullicio y la injusticia
La marea turbia
Y el olor de un atardecer marino
Que no he de presenciar
Las largas despedidas
Y los encuentros fugaces
Algunas palabras
Y los silencios forzados por la distancia
La noche despoblada de ti
Que avanza indiferente
Hacia el abismo del día
Las letras que componen tu nombre
Inmensa pieza del universo que todo lo encierra
La cifra que define tu número
El género que marca tu cuerpo
El tiempo indefinido de tu existencia

COMO AYER FUE SIEMPRE

Separados, pero iguales,
los días avanzan hacia la terca evidencia
del calendario,
hacia la diaria justificación de sus nombres.
Como ayer fue siempre;
la luna que venía de más allá,
la oscura evidencia de tu pelo,
tu voz donde el viento,
tu voz don del viento,
la arena contra tu rostro,
el frágil signo de la palabra
que soplaras hace tanto tiempo en mis labios.
Hoy vuelves a mi suerte,
vuelves a donde nunca estoy.

MONÓLOGO INTERIOR DE RILKE
Pensando en Magda, París, invierno de 1917

Le nombré el dolor de los sentidos
cómo su aparición
supera toda presencia.
Le hablé de paisajes
que ella ha transformado en música.
Le confesé por escrito que ya no soy
aquel joven que ella admira.
Si pudieran los sentimientos esquivar
el peligroso camino de las palabras...
Si hubiera sido músico...
También la música es una sombra sin contrario.
El cielo es grandioso y mis ojos
no alcanzan a ver más allá de las nubes.
Estoy obligado a dar la cara
a imágenes que no percibo.
El mundo como la estupidez es inagotable.
En lo más propio de mí mismo
donde sólo Dios ha estado
conservo un trozo de usted
Magda.

UNA LECCIÓN DE SENSATEZ

Aquella primavera griega yo fui Europa sin toro,
tiniebla que puso claridad sobre el propio día.
En mis interminables caminatas por la playa
te vi pasar una y otra vez en el lomo de los delfines
y más que Europa desee ser Tritón
para ofrecerte una cena en los palacios de mi padre
o grabar con mi tridente en los corales
el pacto de nuestro recién nacido amor.
Yo pedía una semana más en el paraíso marino
mientras tú anhelabas eternizar la primavera.
Al final fue cierto para los dos aquello que dijo
                                        /Quilón de Esparta:
«No desees lo imposible».
En medio de aquella dicha injustificada
cómo podíamos ser nosotros los sensatos.

SIN ENTENDER NADA

La tarde se agotaba en Rodas,
abril, como toda promesa cumplida, perdía interés
y yo vi correr tus lágrimas hasta el mar.
Sin entender nada
ni tu melancolía ni la migración de las aves
ni el silbido de los barcos ni el rostro envejecido
                                        /de los capitanes,
cerré los ojos.
Al volver a abrirlos, no sé si yo era distinta
o si el puerto había cambiado
pero los barco anclados embellecieron con la noche.
Tú que mirabas hacia las colinas
no viste mis lágrimas encendiendo las primeras lámparas.

ÁNFORA GRIEGA

A simple vista un jarrón cualquiera,
algo estropeado, una oreja quebrada,
modelado con delicadeza antigua y ática.
Pero las escuetas cenizas
que ese trozo de arcilla contiene
alguna vez fueron hombre o mujer,
cuerpo que mereció el sutil artificio
de volver al barro.
Ánfora fúnebre
decorada con motivos ecuestres
perfecta metáfora del amor:
dos caballos enfrentados,
crin contra crin, en ella lloran.

EL GRITO DE LA PLEGARIA

El pasado tarda en soltar mi mano, me atormenta.
Ni el mayor interés en el futuro
podrá detener la inquietud que conduce
hacia lo más antiguo y desconocido.
Tengo miedo de vivir sola ahora que no tengo prisa,
de entregarme honesta a tu voz que me llama.
¿Es amor no querer estar contigo bajo el signo
                                    /de lo irremediable?
A veces tengo un deseo rabioso de seguir muriendo,
                                    /de detenerme,
mientras me digo que todavía hay tiempo
                                    /para un nuevo día.

DEL AMOR EN LA MEMORIA

Si el tiempo es el capital de la memoria,
lo que sucederá sólo puede seducir al presente.
No es fácil entender lo que para el corazón es verdad:
la distancia imaginaria entre un día y otro
y la realidad de estar solos en un momento definitivo.
Ciertas tardes quebrantadas con tu exilio
me han llevado a la certeza
de que lo vivido está más lejos de la vida
que cualquier mes de octubre.

PARA LA AUSENCIA DE PERCY B. SHELLEY

Escrito por Mary Shelley el 14 de julio de 1822

Cruel
el dolor de no saberte.
Pienso en ti
entre las bajas yerbas del mar
y tiemblo.
¡Oh soledad absoluta
de las profundidades!
Sola yo entre los muertos.
Sola.
La tormenta maligna
empujó el viento contra ti.
El balandro
no pudo resistir la muerte.
El balandro no esperó.
Prefirió existir nunca.
Tú alguna vez
fuiste más que un muerto.
¡No vuelvas!
Sigue muerto entre los muertos
el ancho mundo duele.
Pequeño Prometeo
Desde la montaña escucho un grito:
La angustia nunca enmudece
aun sumergida en los mares.

CONTIGO EN OTRA PARTE

Fui joven antes de volverme hacia el pasado.
Hoy, invitada por la memoria,
el verano me encuentra con el cabello blanco
de la luna más cambiada.
Me gustaría que estuvieras conmigo,
pero no aquí,
sino en las dulces mansiones de la mente.

SOLA

Voy de un teatro a otro,
de una noche pizarrosa a un día ocre.
Busco mi alma que suele esconderse
en la estación clausurada del ferrocarril
y me burla la brevedad.
La muerte como un paisaje
adorna las cortinas de mi casa.
Quizás otro día tenga valor para espantarla.
Sin tu amor estoy sola en el recuerdo,
un recuerdo inconcluso que no cesa,
que no puede, que no acaba de morir.

EL VIAJE

Una vez que todo estuvo preparado,
elegida la ruta,
años y kilómetros de cautiverio,
el equipaje tan liviano como el pasado lo permitió,
volví a ti.
El mundo me arrojó ante ti,
y vi en tus ojos la falsa señal de mi liberación.
El tacto de tus dedos rodó por mi espina,
y pude sentir la trascendencia,
el reconocimiento de los fracasos
para sostener el nivel de la simple posibilidad.
Allí estuve entonces,
tímida intentaba decirte que la luz sobre el Tajo
en su densidad compacta
ninguna certeza podía traernos.
Huía, me estrechaba contra ti y huía,
buscaba el afuera donde tú salías a encontrarme.
Por las mañanas celebrábamos el viaje
cantando con los párpados cerrados,
la historia de un pueblo que atravesó el desierto
con corderos de oro y cítaras enlutadas.
Era el canto de la esclavitud,
de las mujeres públicas,
de los idólatras y sus manzanas de cobre.
El canto de las flotas enemigas,
de las banderas ondeantes en paisajes desolados.

Al final de cada día teníamos la sensación de ser inmortales
y fingíamos que nada nos importaba menos.
Uno sobre el otro esperando la palabra definitiva
que tanto queríamos decirnos.
No hay jaula que pueda abrirse, amor.
Reconozco que soy mi pasado,
reconozco también que puedo no serlo.
Sé que de los mejores trayectos no habrá memoria
(prefiero que otros no puedan encontrarla).
Por favor, no entones ese horrible canto de esclavitud otra vez.
Huye de mí, busca la tierra firme y espérame.

CARTA DE BEATRIZ A DANTE
En un día imposible de precisar

Por voluntad divina
nos une la memoria.
La sombra de tu cercano tormento
se mezcla con la mía
blandamente como si entrara al paraíso.
¡Agonía
emerges desde el fondo de los siglos!
Si pudiera lanzaría tu nombre
a los brazos infinitos de la noche.
Libre
sería un ave no tocada por el cielo.
Espigada sombra
fulguras desterrada.
Cuando retornes al paraíso
será mi rostro
una visión con velas
encendida en desolación.
Será mi cuerpo
un traje rumoroso
en los huesos lucientes.
¿Qué fatalidad
encadena el alma
con las ilusiones fallidas?
Es bueno guardar silencio
cuando se ha visto el fuego
caer del cielo.

POEMA DE AMOR QUE SE DEBÍA

Para Edouard Rambourg

Lo recibí sin ropa.
Un amor liberado
del miedo.
Cadenas rotas,
jaulas de tiempo,
abiertas,
ninguna herida
abierta.
Sólo cicatrices,
impalpables,
líneas de un mapa
ancestral.
Un amor
descarnado,
invertebrado,
también.
Sin máscaras,
ni guantes.
Un amor,
blanco
hasta el hueso,
imposible de vestir.

KAROLINE VON GÜNDERRODE (1780-1806)
q.e.p.d. víctima del amor romántico

El jardín de su cuerpo se agita en el lecho mayor del Rin,
florecido y espléndido.
Sobre él solía extender el mapa de su orfandad,
mapa extenso y laborioso,
ríos, valles, cordilleras, planicies de abandono.
Su último día lo pasó recostada en el lecho
dibujando caminos, minuciosa.
Cada centímetro de trazo perfecto señalaba
lo único valioso,
su alma.
Algunos se aventuraron a explorar,
ninguno encontró el mapa.
El que ella esperaba tenía nombre,
pero no existía.
Con firmeza su mano trazó varias veces
una equis sobre el gran tesoro.
Nadie llegó.
La poesía le enseñó a desafiar las leyes del agua,
pero no tuvo preceptores para el amor.
El que ella amaba no existía.
O tal vez sí,
mas no era él.
La muerte de la muerta
flotará para siempre en el lecho del Rin.
Una poeta vestida de *rojo fuerte hasta la muerte*
con bolsillos color piedra

—al estilo karoline— .
Ofelia y Virginia vuelven a mi cabeza
con la misma ropa,
pesada,
          pesada.
El amor falso es un territorio sinuoso
donde los peces más ágiles se ahogan.
Sobre el lecho del río
karoline cubrió su cuerpo
con el manto vegetal definitivo.
Pensamientos y margaritas reptan en sus palabras
y las carpas doradas guardan el secreto
de su mente brillante.
 «No puedo amarme sola»,
decía mientras entraba en el agua.
 «No soy digna de su amor».
Ella que era dueña de un reino.
 «Cuando sepa que he muerto
me amará con locura».
Erudita e ingenua,
no tuvo preceptores para el amor,
ningún libro
que le enseñara a amarse a sí misma
sobre todas las aguas.

LA TORRE DE MARFIL

El mundo es una torre de marfil, en vano
busco una puerta en sus paredes curvas.
Parezco una actriz representando a un borracho,
camino tratando de hacer una línea recta,
nunca eses. No soy una profesional
de la actuación, ni siquiera me lo parezco,
pero caminaré tratando de hacer una línea recta.
A veces me siento frente al ordenador y busco
toda clase de cosas, desde zapatos hasta amor.
Y sí, todo lo encuentro allí, porque el mundo es una torre
y estoy atrapada con todo lo demás, es inevitable.
Cuando me miro al espejo me sorprende lo común
que parece mi rostro, y me digo:
es bueno ser tan común, no te asustes.
Vuelvo a sentarme frente al ordenador y encuentro
las mismas cosas, todo, todo, hasta el amor.
Y allí mismo, tecleando,
y trato de comprender
por qué me siento libre en la jaula del pájaro.

RUTINA DE DESPERTAR

Despertamos y el ritual comienza.
        Otro día sin sol.
Me pides que vuelva a cerrar la cortina.
No soportas el color sol-de-sombra que entra al cuarto.
Más tarde, junto a las macetas,
un rayo atraviesa los pétalos de la margarita.
        ¿Será real?
¿Vemos el sol de hoy o un resplandor de otros años?

OTRO NOCTURNO DE CIUDAD

Los parques
han cambiado como crisálidas.
La telaraña gris flota inalcanzable
mientras la araña se deleita
con mil presas.
No pierdas de vista el muro
que acarició mi espalda
cuando tú
buscabas entre mis piernas las calles de la ciudad.
Recuerda mirar mis pechos
las cabinas telefónicas son perfectas
para el amor.
No olvides tener cuidado
la ciudad se marcha
podría escapar de tus manos.

DESIERTO

El fuego tiene sed
o lo leí mal en un poema
o el fuego
no sabe
lo que sabe la sed.
Y mi cuerpo tiene sed
y fuego.
Arde desierto.

HISTORIA DEL MARFIL

Oímos el latido
del marfil
desprendido de su cuerpo.
El hueso libre,
fue piedra viva,
fue otro
en su forma blanda,
dulcísima,
ahora luto.
Blancos colmillos
donde la curva leve
acusaba al cielo
de indiferente.
Luto,
me dice el marfil.
Espuma,
forma blanca,
barro.
Tú en el barro,
yo,
mujer de barro
en el barro.
Esa región serena
donde alguna vez
fuimos iguales.
El marfil

todavía brillante,
lejos,
lejos de la vida
y en tus manos.

JARDÍN DE HUESOS

Ha muerto otro hombre que amé.
Ha muerto otro hombre que me amó.
Voy sembrando viudeces en mi jardín de huesos.

UNA VISITA AL MUSEO DE HISTORIA NATURAL

Un esqueleto. Un dinosaurio. Un fósil.
Una piedra también me interesa.
Largos corredores,
lámparas de luz fosforescente y fría.
Un meteorito. Un cuarzo gigante.
Otro fósil.
Una sala detrás de otra.
Todo antiguo y novedad.
Y sin esperarlo
mi propio rostro me sorprende.
¿Ya tengo edad
para encontrarme en una vitrina?
Fosilizada, pero no sola.
Gentes que me fueron familiares,
amores que no volverán,
todo grabado en piedra.
Como de otro planeta,
todo.
El amor, como un dinosaurio,
fosilizado.
El amor como un animal extinto:
familiar y extraño a un tiempo.
Todo tan doméstico y lejano,
tan de otros ámbitos y, sin embargo,
como si perteneciera al museo.
El reflejo de mi rostro en la vitrina iluminada,

su gesto sorprendido,
y en mí,
los deseables estragos del tiempo.

Índice

SI FUERA POSIBLE EL AMOR
de Lauren Mendinueta
-6/10 de la Colección Capitanas 2-
se terminó de editar y maquetar
por Nautilus Ediciones
en Zaragoza, España,
en abril de 2024.